このCDの聞き方

聞かせるだけでOK
今日から始めよう!

この音楽は、子どもの脳の発育を促し、賢い子に育つ手助けをする音楽が収録されています。使い方は簡単で、難しいことはひとつもありません。ただ、この音楽を生活の中で流すだけでよいのです。

このCDに収録された音楽は、脳から不安やストレスを取り除く効果があります。脳の成長にはストレスや極端な感情はマイナスになるため、脳をすくすくと育てるには、常に心地良い気分で過ごさせてあげることが大切なのです。また、心地よいメロディーは、夜泣きやイヤイヤ、グズリの解消にも効果が期待できます。毎日子育てに追われるママの負担も軽くなります。ぜひ親子で一緒に聞いてみてください。

脳は幼児期に一気に成長するため、早期に脳を意識した教育に取り組むことは非常に重要です。何もやらずに後悔するより、少しでも子どものためになることをやっておけば将来の可能性が広がるはず。今からでも遅くありません。今日からスタートしてみましょう。

モニターから絶賛の声が殺到しています！

音楽を聞くと機嫌がよくなりリズムにあわせ体を揺らすことも

以前よりも笑顔が増えて、活発さが増してきたので夫婦で喜んでいます。

（34歳ママ・1歳娘）

音の鳴る方をじっと見たあとにおもちゃでひとり遊びをします

普段は私にべったりでしたが、音楽で気持ちが安らぐのかひとりで寝てしまうことも。

（28歳ママ・2歳娘）

思い通りにならないときのカンシャクが止みました！

夜泣きの回数もグッと減り、朝までぐっすりと眠れる日が多くなってきました。

（35歳ママ・3歳娘）

大泣きをしているときでも
おさまりが早いようです！

1日3、4回聞いています。気持ちが切り替わったなと感じたことが何度もありました。
（35歳パパ・0歳息子）

音楽を聞くと
寝付きのよさ
が全然違い
寝不足も解消！

率先して保育園に行くようになり、休園も減りました。先生たちも驚いています。
（28歳ママ・1歳娘）

疲れたときに聞かせると
グズらなく
なりました！

家事に余裕が出てきて、予定通りに動けるので
大助かりです！
（36歳ママ・4歳息子）

落ち着いてイスに
座っていられる
ようになりました！

1日中家の中を走り回っていましたが、
ガマンすることを覚えたようです。
（32歳ママ・4歳息子）

聞かせるだけで賢い子に育つ育脳CDブック

第1部　なぜこの音楽を聞くことで賢い子に育つの？

第2部 育脳なんでもQ&A

第3部 脳を育てる 月齢別、年齢別 リズム運動

このCDを聞くことで、眠くなることがあります。
運転や仕事等をしながら聞くことは、お控えください。

第1部

なぜこの音楽を聞くことで賢い子に育つの？

親ならだれしも
「賢い子に育って欲しい」
そう願っているはず。
このCDは
子どもの無限の可能性を
引き出します！

脳を育てるには音楽が効果的だと最強タッグが発見しました！

「賢い子に育てたい」という願いはどう叶えればいいのでしょうか？　この難問に答えを出すべく脳科学者と自律神経の名医がタッグを組んで、**脳を育てるスペシャルメソッドの開発**に取り組みました。

まず、明らかになったのは賢い子になるためのカギ。これは、脳の前頭前野という部分にありました。いかに**幼児期に前頭前野を発達させてあげるか**が、その後の人生に大きく影響するといっても過言ではないでしょう。そして、前頭前野を育てるには、脳のストレスを取り除くことが重要だということもわかり、その解決方法としてたどり着いたのが「音楽」です。人の脳は、音楽を「快」とする性質があります。それを利用した**「自律神経が整う音楽」は子どもにもリラックス効果がある**ことが実証されており、そこに脳科学的なアプローチを加え、子どもが安心する音楽を生み出しました。

自立神経の名医
小林弘幸先生

脳科学者
大谷 悟先生

この音楽のここがすごい①

この音楽を聞くことで脳が育ちやすい状態になります！

「賢さ」を手に入れるには、大脳皮質の前頭葉の中にある前頭前野の発達が重要となります。幼少期に意識的に鍛えてあげましょう。

では、どのようなときに前頭前野の発達が促されるのか。そこには、**「シナプス」と「ドーパミン」が深く関わってきます。**

大脳には、生まれながらにして140億個以上の神経細胞（ニューロン）があります。各細胞同士をつなぎ、情報を伝達する連絡網となるのがシナプスです。

育脳の目的は前頭前野のシナプスの発達

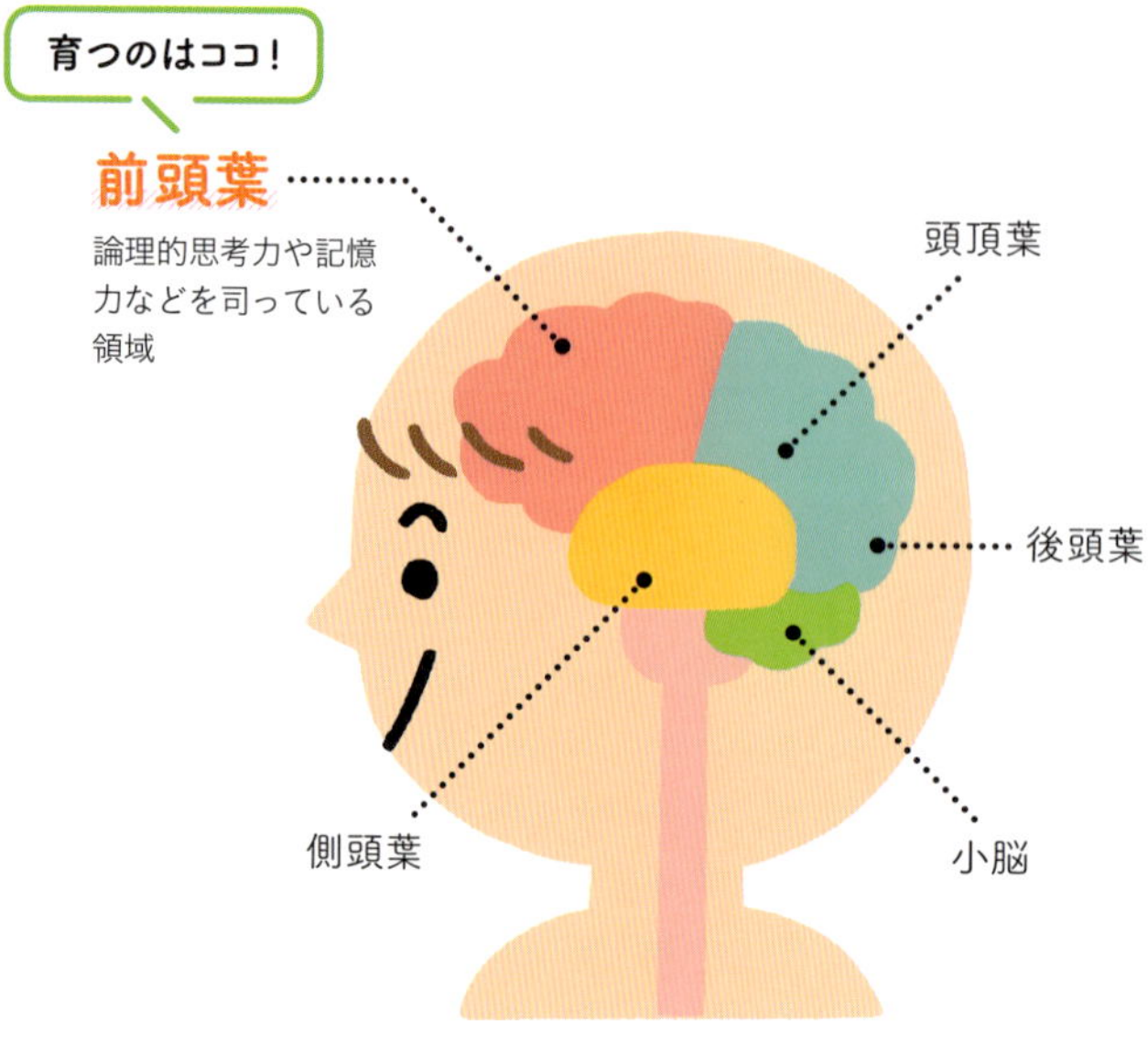

を促していくことと考えてください。

基本的には、目的を持って何かを考えたり、実際にやってみることで前頭前野が刺激されシナプスが成長します。ただし、前頭前野がいつも正常に働いてくれているかというと、そうではありません。子どもが泣いているとき、怒っているとき、集中できていないときは前頭前野が十分に働かず、育脳の糧となる脳への刺激が伝わりづらくなっているのです。

また、こういったときはシナプスの連結を強固にしてくれるドーパミンもうまく機能していません。主に、脳が喜びを感じたときに分泌される物質ですが、実は多過ぎても少な過ぎてもいけません。**脳をすくすくと成長させるには「適度なドーパミンの分泌」、つまり「心地よい」くらいの感覚を常に持たせてあげることが重要**なのです。そこで、適度なドーパミンの分泌を促す手段として、今回はオリジナルの音楽を開発しました。

脳の発育に重要なドーパミンをコントロール

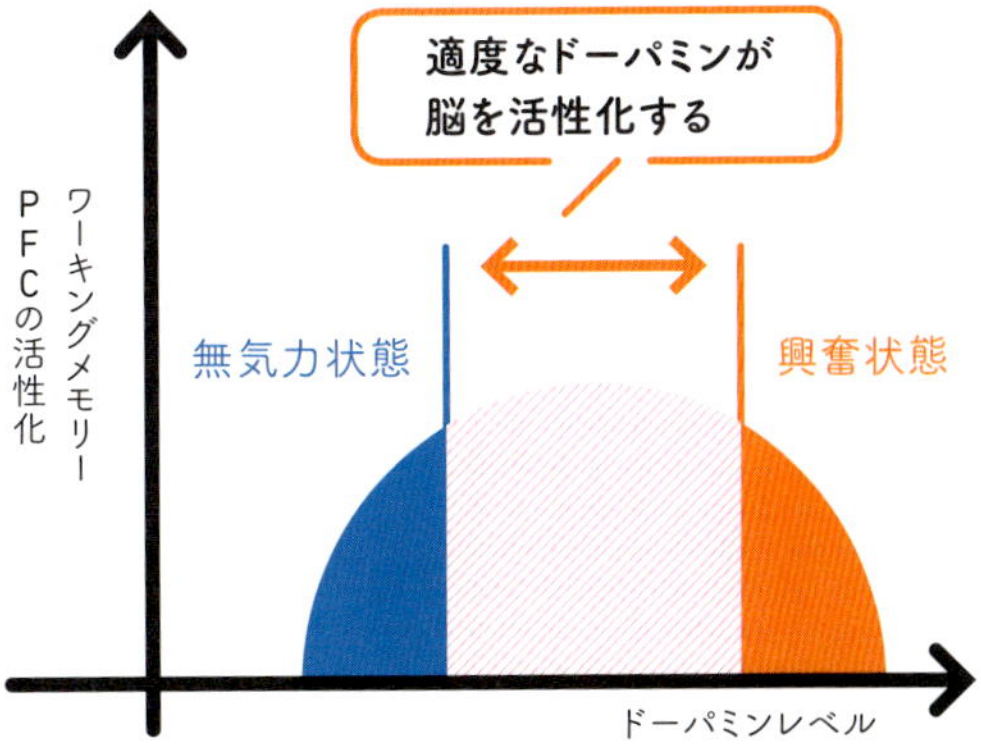

ただし、この本でいう
「賢い子」とは
学力ではありません！
将来様々な場面で役立つ
ジアタマのよさが
身につくのです！

前頭前野は考える力を身につけるための土台です！

「賢い子」とは一体どういう能力といえるでしょうか？　**この本で目指す「賢さ」は、いわゆるテストの点数がとれる、偏差値が高いということではありません。**

前頭前野を鍛えると、もっとたくさんのいいことが起こるのです。前頭前野とは、動物のなかで人間がもっとも発達している領域といわれ、人の知恵を司っています。

それは、「考える力」ともいえる能力で、何か問題が起こったときに自分で考え、解決していける力です。**幼少期からこの力を伸ばしてあげましょう。**

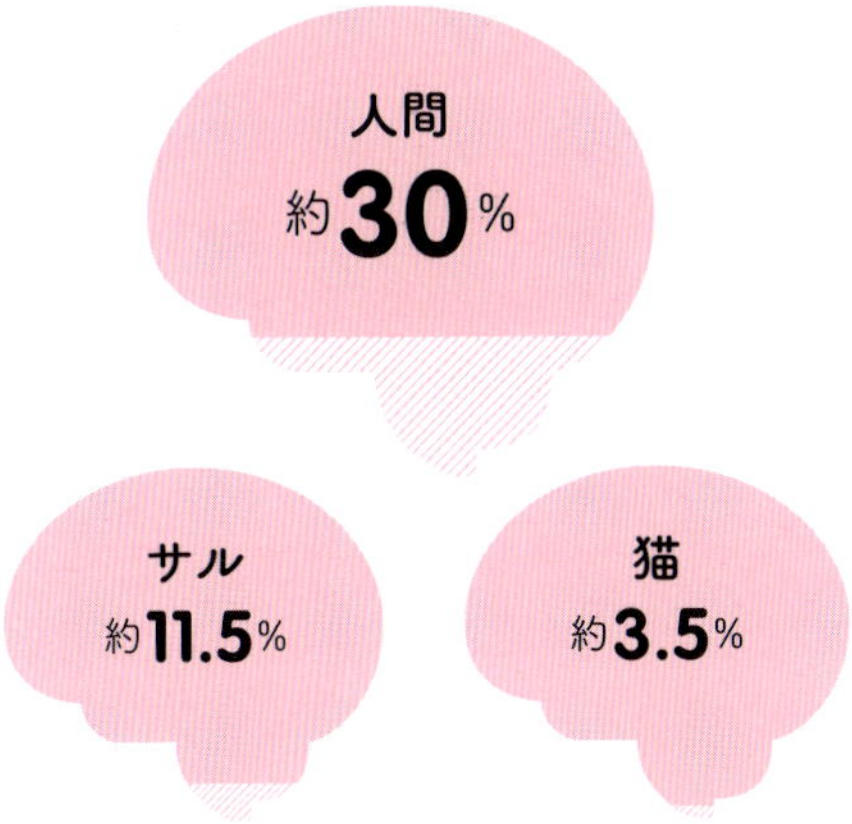

脳における前頭前野の割合

前頭前野のシナプスがどんどん増えれば思考、発語、記憶に好影響！

幼少期に、**前頭前野を鍛えることで獲得できる力は多岐に及びます**。人間の思考をコントロールする司令塔のような役割のため、前頭前野が発達することで、いろいろな能力にいい影響がでます。遊ぶとき、勉強するとき、運動するとき、仕事するとき、何かの目標に向かって進むときは必ずこの前頭前野を使っているのです。

前頭前野の発達はどのようなときに感じることができるでしょうか。幼少期には、運動や発語にも影響を与えます。ほ

こんな子どもに育ちます！

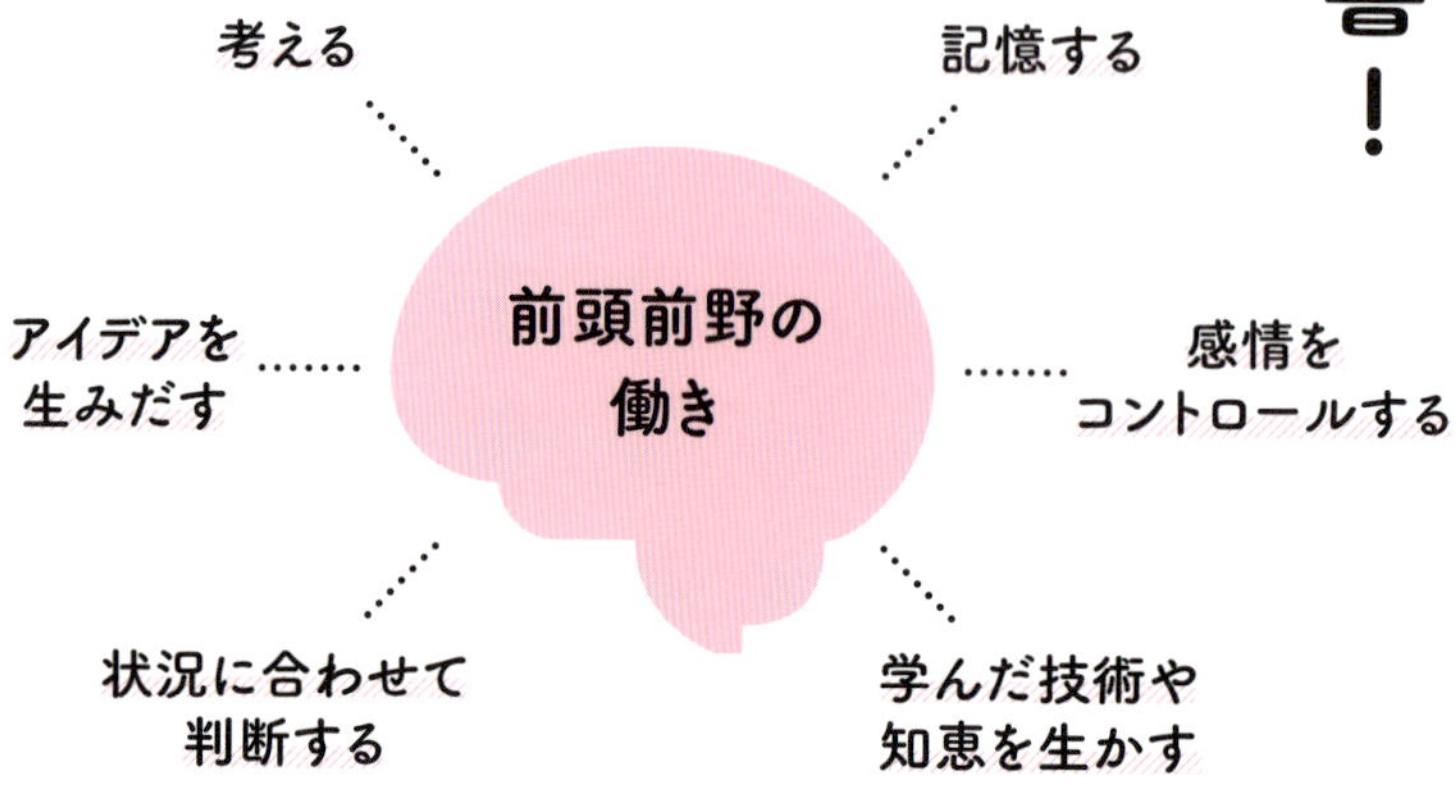

かにもワーキングメモリと呼ばれる短期的な記憶力もアップします。目の前のことを一時的に脳におさめ、プランを組み立てるときに引き出して使う有用な能力です。**記憶を司る海馬との連携も前頭前野が行っているので、記憶力がよくなるとも言えるでしょう。**

前頭前野を鍛えて、子どもの将来の可能性を十二分に引き出してあげましょう。**「勉強ができる」ことはあくまで賢さの一面でしかありません。「賢い」とは、問題解決能力が高い状態を指します。**この力を手に入れれば、勉強はもとより、様々な場面で活躍することができるのです。

賢い子とは
問題解決ができる子

この音楽を聞くことで

将来こんな子に 育ってくれます！

将来1 将来、仕事で大活躍する子に！

前頭前野が発達することで計画的に行動できる感性が養われます。先を見通しながら、いまやるべきことを判断し実行に移すことができるので、将来は仕事でも活躍するでしょう。大きな事業も着実に成功へ導く能力が育まれていきます。

将来2 スポーツの試合で大活躍する子に！

スポーツでは、プランを練って相手を攻略する能力が身につきます。とくにサッカー、野球などの団体競技では、リーダーとしてチームを引っ張る司令塔として才能を発揮します。監督やコーチといった指導者にも向いているでしょう。

将来3 学校の勉強も楽々こなす子に！

学校の勉強とも無縁ではありません。論理的な思考は数学に欠かせません。読解力も高まるため国語の学習効果も期待できるはずです。目的に対し効率的な学習法を自分で組み立てられるので、試験で点数をとることも容易にこなすでしょう。

将来4 空間認知に長け創造力あふれる子に！

創造力や空間認識力が磨かれることで、立体的に建物を組み立てていく建築の分野でも才能を発揮します。また、これらの能力は曲を作るというような作業でも強みとなるので、音楽と関連のある仕事にも役立っていきます。

将来5 医者や研究者など理系職業でも実力発揮！

ひとつの問題に対し、仮説を立てながら解答を導き出していける思考回路を育成できるため、医師や研究者にも向いています。一般に名医といわれる医師や、確実に成果を残す研究者の多くは、前頭前野が発達しているといわれています。

この音楽のここがすごい②

感情コントロールが上手な子に！夜泣きにも効果を発揮するため育児が楽になる！

リラックス効果の高い音楽なので、子どもが泣いているとき、怒っているときに聞かせてみてください。負の感情から解放されるでしょう。大半のママが悩んでいる夜泣きにも効果が期待できます。

さらに、前頭前野が発達してくると、早い時期から子どもが**自分で感情をコントロールできるようになります**。イヤイヤ期が早くおさまる、癇癪を起こしにくくなるなどの効果を生むでしょう。ママのストレスが大幅に軽減されるはずです。

泣いたり怒ったりをコントロール！

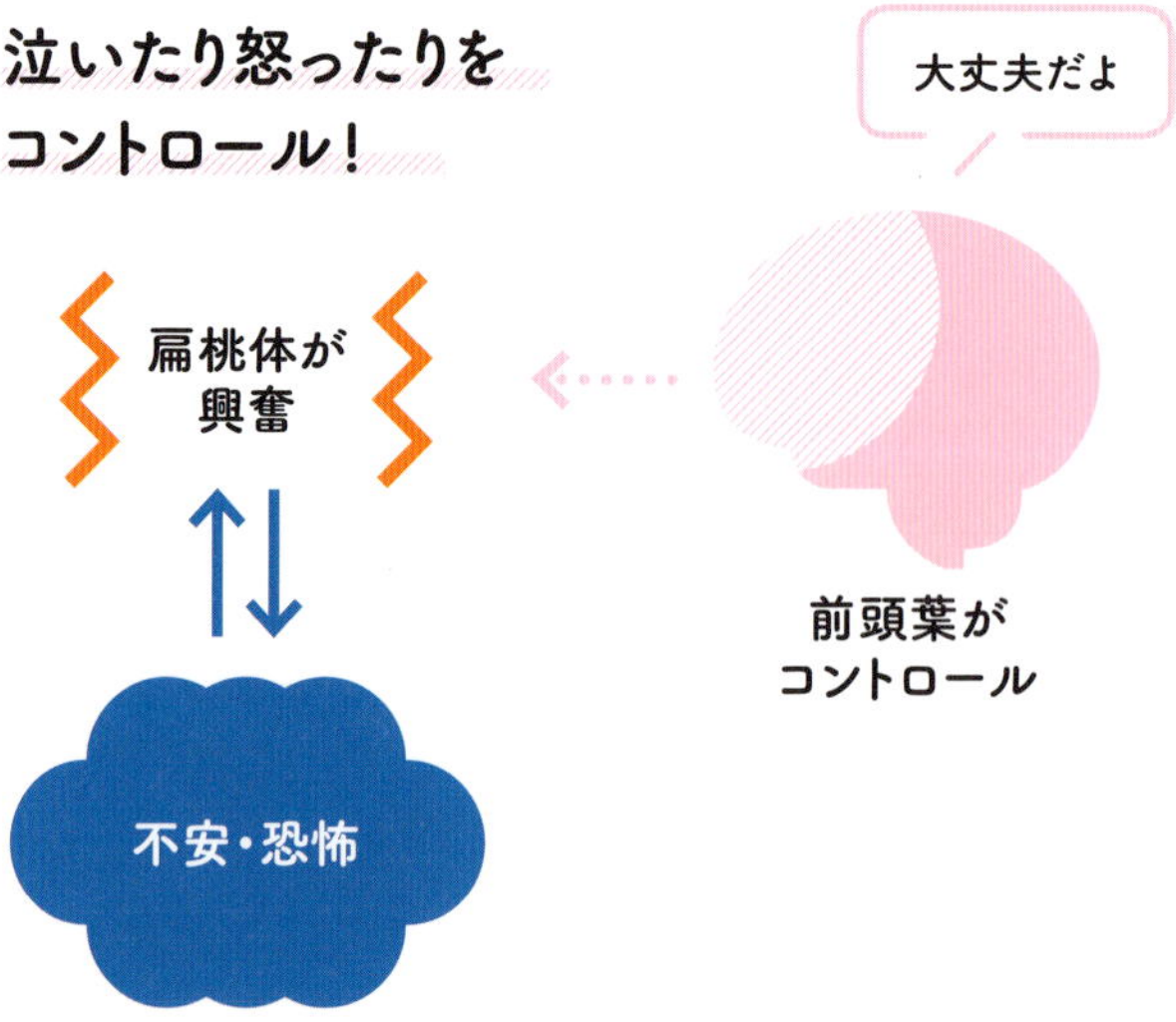

1

夜泣きが止む

夜泣きは深い眠りから浅い眠りに移行した際に起こりやすいといわれています。夜泣きには前頭葉を発達させる効果もありますがが、不安や恐怖感が引き起こすこともあります。前頭前野の発達はこうした負の要因を抑え夜泣きを改善していきます。

2

イヤイヤ期が早くおさまる

子どもの第一反抗期であるイヤイヤは、自我が芽生え自己主張の強くなる１才の中頃から３才頃がピークとなります。イヤイヤの大きな原因は未熟な前頭前野にあります。前頭前野の成長で聞き分けがよくなり、イヤイヤも徐々に減っていきます。

3

癇癪を起こさなくなる

感情のコントロールが未熟な幼少期は、自分の思い通りにならないことで癇癪を起こすケースが少なくありません。買い物中や電車内などで起こるとママには相当の負担となるはず。前頭前野を鍛えることで、癇癪もおさまっていきます。

この音楽のここがすごい③

胎教にも効果ばっちり！何歳から聞かせても効果があります！

子どもの感覚器官で、もっとも早くでき上がるのは聴覚です。**お腹の中で育っているときもママの心音や声、日常生活の中にある音ははっきり、子どもの聴覚に届いているのです。**もちろん音楽も聞くことができます。このCDの音楽は胎教にも効果がありますので、妊娠中からお腹にいるお子さんと一緒に聞いても、脳を育てる上でプラスに働きます。

一般的に育脳の効果がもっとも顕著に表れる時期は、シナプスが活発に増える

お腹の中にいるときも音は聞こえています

1～3歳頃です。しかし、シナプスはその後も作られますから、**その時期を過ぎたからといって「もう遅い」ということはありません。**音楽を聞くことでイライラを鎮め、リラックスして物事と向き合うことができます。集中力や記憶力のアップにもつながるため、5歳前後であれば、学習能力の向上にも一役買います。**とにかく、今日からスタートしてみよう、ということが重要です。**このCDは全年齢を対象に作っていますので、年齢を問わず聞かせてあげてください。

シナプスは0歳～3歳頃に飛躍的に発達

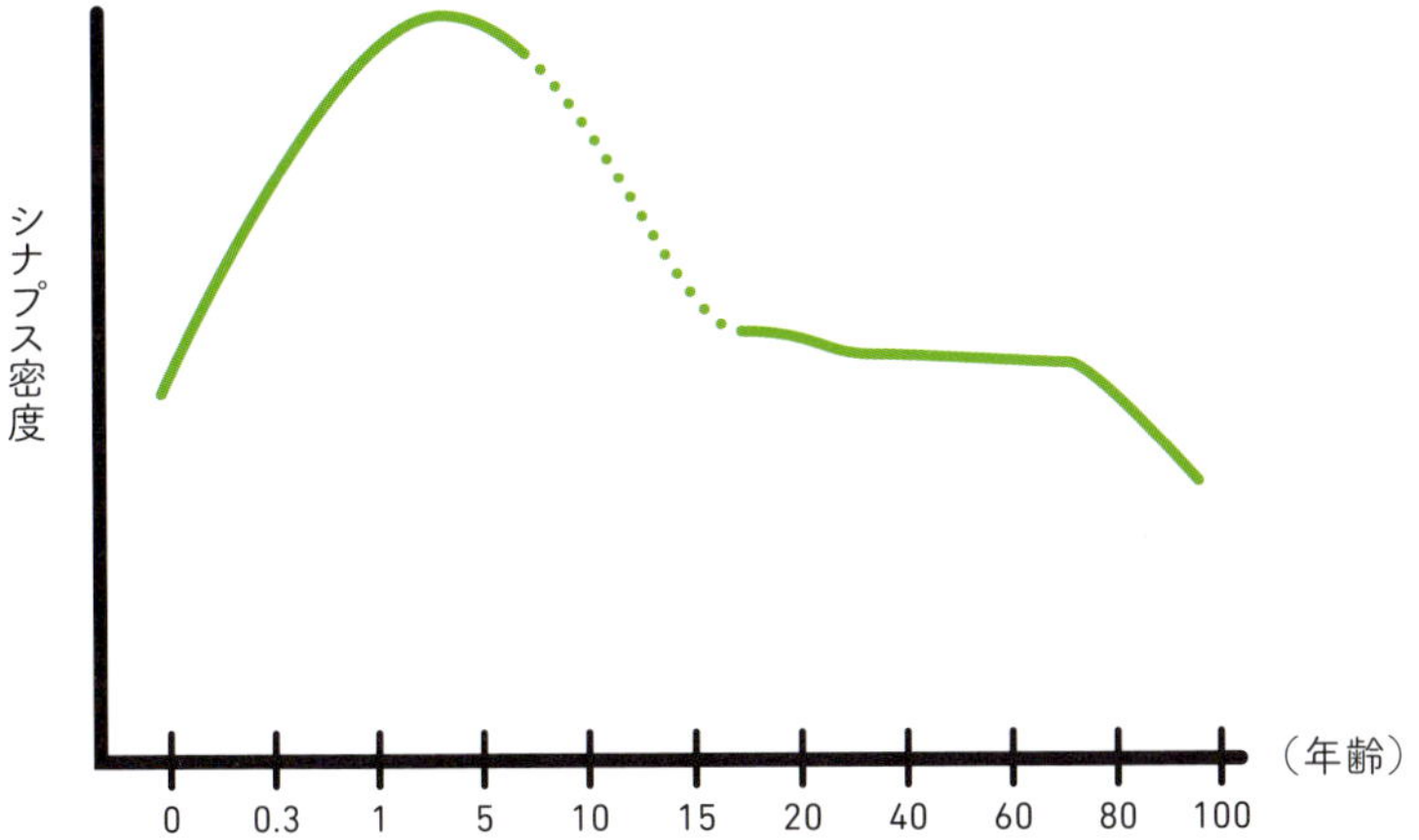

※ハテンロッカー（1979）より

この音楽のここがすごい④

疲れたママの心と体も癒す効果があります！

この音楽に使われているメソッドは大人にも効果があります。自律神経が整う作用があるため、呼吸が整い、**ストレス解消、不調改善といった効果が期待できるのです。**

育児はストレスが多く、親は身も心も疲れてしまっているはず。そんなときは子どもと一緒に音楽に耳を傾けてください。悩んでいた不調が改善するはずです。

また、**子どもとスキンシップしながら聞けば幸せホルモンと呼ばれる「オキシトシン」の分泌も期待でき**、さらなる癒しを親子で感じることができるでしょう。

大人のストレス解消にも役立つ

子どもは
ママが安心
すると共感してくれます！
ぜひ、このCDを
子どもと一緒に
聞いてみてください！

どうですか？
このCDの効果を
実感してもらえたと思います。
では、このCDは
どういうときに
聞くといいのでしょうか？

子どもが遊んでいるとき

1

積み木をしているとき

積み木遊びは手先を器用にするだけではなく、積む、並べる、組み立てることによって脳が刺激され、集中力、思考力などが鍛えられていきます。脳が活発に動いているこのときに音楽を流してあげると、さらに育脳効果を高めてくれます。

2

お絵描きしているとき

1歳を過ぎるとクレヨンなどを持って、紙に線などを描き始めます。始めは紙に色がつくことに興味をもつだけですが、徐々に自分なりの表現力が身についていきます。お絵描きは五感を使いますので、脳への刺激が得られます。

3

おもちゃの片づけ中

お片付けは大事なしつけのひとつです。おもちゃ箱にものを入れるときには、きちんと片づけるにはどうするか考える必要があります。前頭前野に刺激を与えるチャンスでもあるので、音楽をかけて集中させてあげましょう。

負の感情に支配されているとき

4

泣いているとき

泣きわめいてるときは、夜泣きも含めて、脳が興奮してしまっている状態。音楽を聞かせることで気持ちがリラックスしていきます。グズりなども抑え、落ち着いた心を取り戻してくれるでしょう。

5

怒っているとき

大人の怒りとは異なり、お腹がすいた時や、思い通りにならない時、かまってほしいときに怒った状態となります。このようなときに音楽を聞くと気持ちの高ぶりが抑えられます。ただ音楽を流すだけで、怒りがおさまることも少なくありません。

6

不安を抱えているとき

パパやママが近くにいなかったり、怖い夢を見たときなどに起こる、不安や恐怖感から、大きなストレスを感じてしまうこともあります。この音楽はこうした不安から起こるストレスを和らげる効果があります。BGMとして音楽を流してみてください。

リラックスする必要があるとき

7

ベッドにいるとき

ベッドで寝転がっているときにこの音楽を聞くとストレスが解消され、自然と眠りに落ちてくれます。質のいい睡眠は成長に欠かせない要素なので、ぜひ眠るときにも聞かせてあげてください。

8

抱っこされてるとき

パパやママに抱っこされている安心感から、脳は幸せを感じています。これだけでも十分ですが、ミルクを飲ませたいときに集中してくれない場合は音楽をかけてみましょう。飲むことへの集中力が高まるはず。

9

絵本を読み聞かせる

言葉を聞かせてあげるのは、脳にとってとってもいい刺激です。発語が促されるなど、子どもの発育に大きく貢献してくれます。こんなときも、お母さんの声をリラックスして聞けるようにBGMとして音楽を流しておくといいでしょう。

本書の音楽や電子版が スマホ・パソコン・タブレットで 気軽に楽しめます！

子育てに忙しいママやパパは、落ち着いてパソコンに向かう時間もなかなかとれないはず。そこで、本書の音楽をスマートフォンでも簡単に聞くことができるようにしました。もちろん、ＣＤからデータを取り込んでお聞きいただいても大丈夫ですが、時間のない方は特典サイトにアクセスしてみてください。簡単なパスワード認証だけで、スマートフォンやタブレットで音楽を再生することができます。また、電子版もご覧いただけるので、ぜひご活用ください。

アクセス方法はこちら！

スマホ・パソコン・タブレット

https://ascom-inc.com/b/09348

上記のQRコード、もしくはアドレスからアクセスし、会員登録の上、案内されたパスワードを所定の欄に入力してください。

アクセスしたサイトでパスワードが認証されますと、音声を聞くことができます。

※通信環境や機種によってアクセスに時間がかかる、もしくはアクセスできない場合がございます。
※接続の際の通信費はお客様のご負担となります。ご了承ください。

では、なぜこんなに
いいことが起こるのか？
この音楽に秘められた
「秘密」を
お教えします！

この音楽には賢い子に育てるための独自のメソッドが使われています！

この音楽は、**脳の発達を最適な状態にするために、様々な工夫**をしています。子どもの脳から不安やストレスを取り除くべく、4つの特徴を持たせました。**自律神経が整う音楽のメソッドに、子どもが安心する要素をプラスα**しています。それにより、ただのヒーリング音楽ではなく、医学的根拠に基づいた効果の期待できる特別な音楽となっています。ぜひ子どもに聞かせてみてください。

本書をご購入いただいた方はもれなく

本書の電子版、収録されている音楽がスマホ・パソコン・タブレットで楽しめます!

↓

アクセス方法はこちら!

下記のQRコード、もしくは下記のアドレスからアクセスし、
会員登録の上案内されたパスワードを所定の欄に入力してください。
アクセスしたサイトでパスワードが認証されますと
電子版・音楽を楽しむことができます。

https://ascom-inc.com/b/09348

※通信環境や機種によってアクセスに時間がかかる、もしくはアクセスできない場合がございます。
※接続の際の通信費はお客様のご負担となります。ご了承ください。

曲作りのポイント

Point 1

自律神経が整うメロディー

生命の活動を一刻も休むことなく支える自律神経は、健康にも大きな影響を及ぼす重要な組織です。この音楽を聞くことで、交感神経と副交感神経がバランスよく整い、前頭前野がよく働くベストな脳の状態を作っていきます。

Point 2

ママの心音を意識したリズム

お腹の中にいるときから聞いているママの心音は、子どもにとってもっとも安心のできるリズムです。本書の音楽では、子どもが安らぐ心音のリズムを取り込みました。夜泣きや寝グズリ解消の効果もあります。

Point 3

ママの声を意識した周波数を採用

新生児でもママの声を聞き分けることができます。聞き慣れていることもあり、子どもは女性の声のような高い音を好みます。この音楽はママの声の高さにを意識した周波数帯を取り入れることで子どもにやすらぎとリラックス感を与えていきます。

Point 4

定位反射を呼び起こすドラム

誕生間もない赤ちゃんでも、おっぱいを吸ったり、手を握るなど、生まれながらに備わった原始反射という反応があります。そのひとつである定位反射を促すドラム音を一部の曲に採用しました。夜泣きに困ったときは一聴してください。

Point 1

自律神経を整える音楽には**子どもの不安を取り除く**効果があると実証されています！

今回は、「聞くだけで自律神経が整うCDブック」と同様のメソッドを取り入れています。**なぜなら、この音楽を聞いたママたちから「子どもにも効果がある！」という声が相次いで寄せられたからです。**子どもへの効果を検証するため、大規模なアンケート調査を行ったところ、**音楽を聞いた7割の子どもの夜泣きが改善された**という結果が得られました。自律神経を整える音楽を聞くと、子どもの気持ちが落ち着き、心地よい気分に包まれることが実証されています。

様々な年齢層の読者も感動

何回聞いても涙が溢れて止まりません。この本や音楽に出会えて本当によかったと思います（73歳 女性）

体調を崩してばかりいる私を心配して娘が購入。今は家事ができるまで回復しています（79歳 女性）

この音楽で、イライラがすーっと消えました （52歳 女性）

聞くだけで心が軽くなり、気分が休まります。通勤途中で聞いています（29歳 女性）

既刊

聞くだけで自律神経が整うCDブック

定価：1200円＋税

赤ちゃんへの効果をモニタ検証しました！

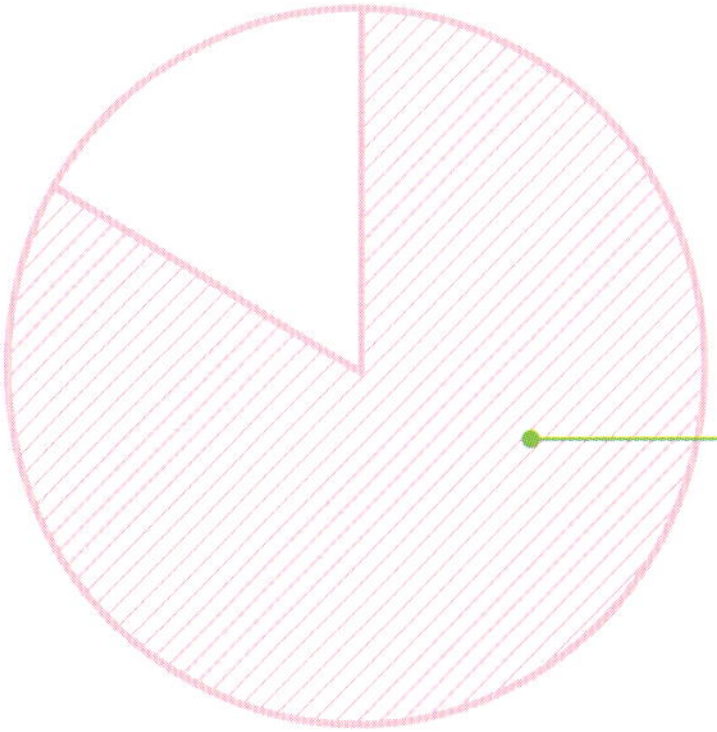

「夜泣きが止んだ」

など効果があったと
答えたママはなんと

71%

今回も自律神経が整う要素を採用！

思いが巡る余韻のある音作り

楽しかった思い出を想起させるメロディーを聞くことで、リラックスして副交感神経の働きもあがります。きれいでゆったりした音を意識して作っているので、心地よい気分に包まれて、心を落ち着かせることができます。

急な音階の変化がない落ち着いた曲調

聞きやすく、耳から脳に入っていきやすい曲調の音楽になっています。変化をつけすぎないよう、それでいて飽きがこないように全体のバランスを設計して作曲しました。自然に聞き流せるので、何かに没頭したいときのBGMにも適しています。

一定のテンポで奏でられるメロディー

１曲ごとに変化はありますが、最初から最後まで一定のテンポで曲が進んでいきます。曲のリズムに合わせて呼吸していくことで自律神経を整え、落ち着けるようにというねらいがあります。眠れない方には睡眠導入効果も期待できるでしょう。

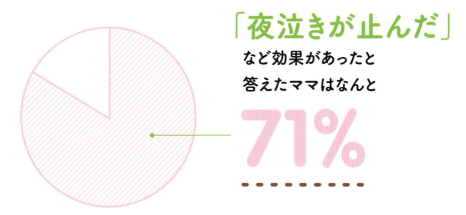

副交感神経をあげることで体は自然とリラックスします！

そもそも自律神経とは何なのか、ご存知でしょうか？

自律神経とは、臓器の正常な活動をコントロールしている神経です。自分で意識的に動かすことはできませんが、腸や肺、血管などを働かせてくれる非常に重要な存在なのです。

交感神経と副交感神経に分かれていて、交感神経はよくアクセルに例えられます。血管が収縮して、心拍数や血圧を上げる役割を担います。一方の副交感神経はブレーキの役割を担い、心拍数や血圧を下げていきます。

交感神経だけが常に高い状態が続くと、

人間の体は神経だらけ

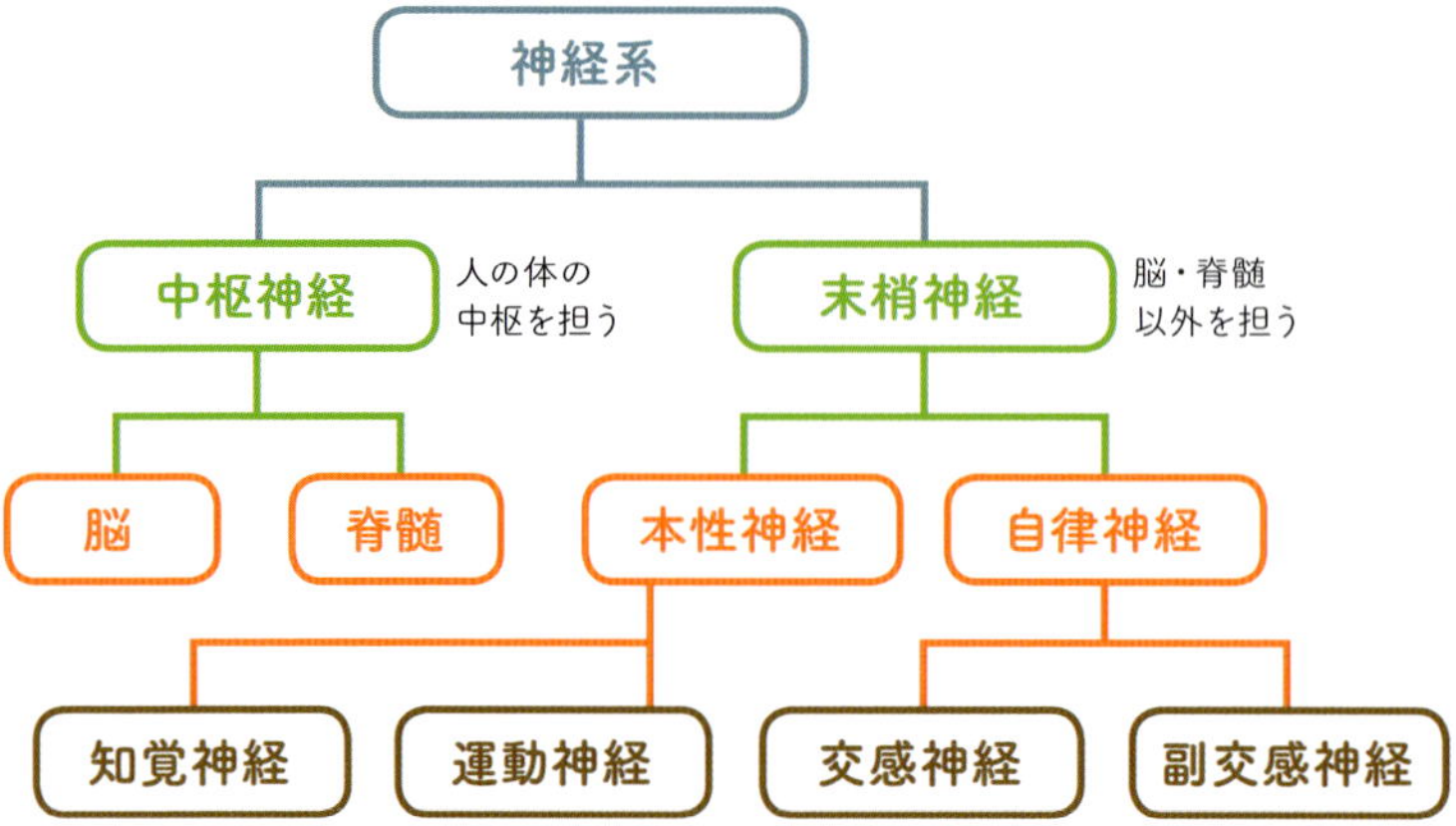

常に緊張が解けずストレスのたまりやすい状態となり、イライラしたり、ピリピリしてしまいます。**お子さんの場合、寝つきがわるかったり、夜泣きやグズリがひどいときは交感神経が優位な状態です。**現代社会は子どもにとってもストレスとなる要因が多く、交感神経優位になりがち。副交感神経を意図的に高めてあげることは非常に重要です。

交感神経優位の状態が見てとれたときは、この音楽を聞かせることで副交感神経を高め、気持ちを落ち着けリラックスさせてあげましょう。**自然と寝つきがよくなったり、遊びに集中してくれたり、様々な効果が期待できるでしょう。**

人間の体は神経だらけ

交感神経				副交感神経
縮小	＜	血管	＞	拡張
上昇	＜	血圧	＞	下降
速い	＜	心拍	＞	ゆっくり
緊張	＜	筋肉	＞	弛緩
ぜん動抑制	＜	腸	＞	ぜん動促進
促進	＜	神経系	＞	抑制

Point 2

ママの心音のリズムは赤ちゃんがもっとも安心する音

ママの心音は、赤ちゃんがお腹の中にいるときから聞いていているもっとも親しみのあるリズムです。ママに抱っこされていると、胸の奥から聞こえる心音に安心して心地よい気分になってくれます。今回の音楽にも、心音のリズムを意識した音を盛り込んでいます。この音楽を聞くことで、**ママの心音を思い出し、子どもはストレスから解放されるでしょう。**

Point 3

高い音が大好きな赤ちゃんママの声を意識して作曲しました！

赤ちゃんは高い周波数の音を好み、男の人の声よりも女の人の声に反応する傾向があります。ママの声を生まれてすぐに聞き分けるともいわれており、子どもの気分を落ち着かせるには女性の声が欠かせないのです。この音楽では、女性の声の周波数を意識して作曲している曲があります。子どもを安心させる効果が期待できます。

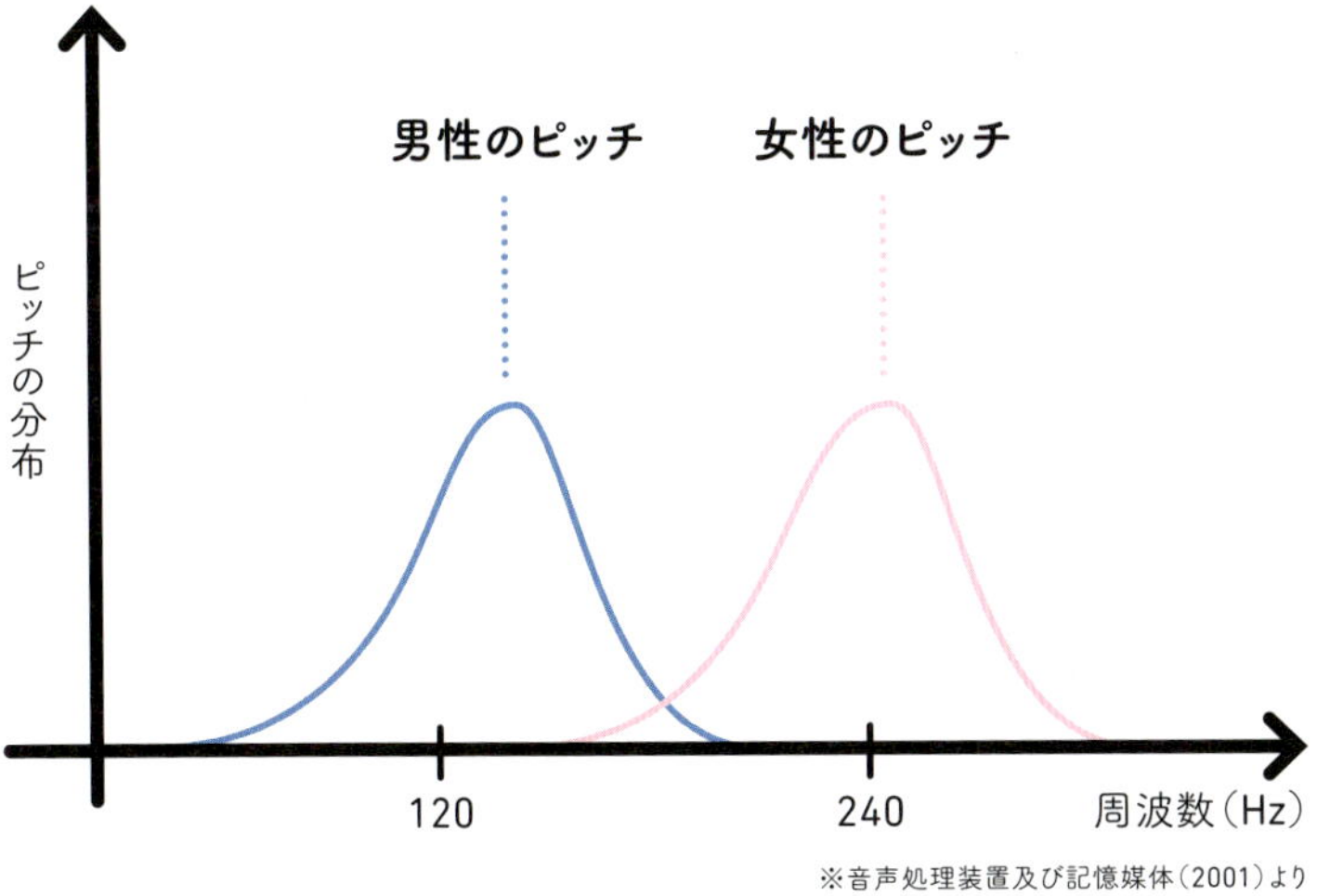

※音声処理装置及び記憶媒体（2001）より

Point 4

夜泣きを抑えるのに有効な定位反射という現象を取り入れています！

子どもには、突発的な音に反応して、意識がそちらに向かう定位反射という現象があります。泣いている赤ちゃんが、鳥の声などを聞いた瞬間に泣き止んだのを見たことはないでしょうか？ 今回の音楽は、泣いているときのような興奮状態を抑える目的もあります。そこで、ドラムによって子どもが興味を示す音を入れ込み、意図的に定位反射を起こすよう作りました。

とにかくまずは
この音楽を
「子ども」に
聞かせて
みてください！

収録曲の紹介

収録曲は、子どもが心地よい気持ちで過ごせるように、様々な工夫をしています。前述したメソッドを取り入れつつ、バリエーションをもたせています。お気に入りの曲を見つけましょう。

1曲目 人生の始まり（5分26秒）

これから生まれる新たな命の始まりをイメージして作られています。

歌のメロディーのようにAメロ・Bメロ・サビ展開で構成し、明るい未来のドラマを描けるような願いを込めて作りました。テンポはゆっくりに仕上げていて、バックに薄く流れるストリングスの音がリラックス効果を高めます。

2曲目 微笑み（3分46秒）

赤ちゃんのおもちゃ、オルゴールメリーの音楽をモチーフにした曲。

おもちゃを見ながら泣き止み、微笑みを浮かべる赤ちゃんを思い描きながら作曲しました。曲のテンポを母親の心音に似せて作成し、より心地よさを感じられる曲に仕上げました。

3曲目 芽生え（5分30秒）

ストリングスを使い、ゆったりとした楽曲に仕上げました。

メロディーに盛り上がりをつけず、あまり動きがないようにし、母親の子守歌をイメージして作られています。なかなか寝つけない赤ちゃんに小さい音で聞かせてみてください。スーッと眠りについてくれるのではないでしょうか？

4曲目 心弾む未来（5分14秒）

子どもが泣き止む「定位反射」を意識し、リズムを刻む音を収録。

途中からは、ドラムシンバルの音も取り入れ、わずかな刺激音で子どもが泣き止むようにしています。メインメロディーはシンセサックス音とベル音で奏でることにより、自然と集中して聞き入る音楽になっています。テンポは2曲目同様に、母親の心音に近づけて作成しています。

郵便はがき

切手を
お貼りください

105-0002

（受取人）
東京都港区愛宕1-1-11
(株)アスコム

聞かせるだけで
賢い子に育つ
育脳CDブック

読者　係

本書をお買いあげ頂き、誠にありがとうございました。お手数ですが、今後の出版の参考のため各項目にご記入のうえ、弊社までご返送ください。

お名前	男・女	才
ご住所　〒		
Tel	E-mail	
この本の満足度は何％ですか？		％

今後、著者や新刊に関する情報、新企画へのアンケート、セミナーのご案内などを郵送またはｅメールにて送付させていただいてもよろしいでしょうか？

□はい　□いいえ

返送いただいた方の中から**抽選で5名**の方に
図書カード5000円分をプレゼントさせていただきます。

当選の発表はプレゼント商品の発送をもって代えさせていただきます。
※ご記入いただいた個人情報はプレゼントの発送以外に利用することはありません。
※本書へのご意見・ご感想に関しては、本書の広告などに文面を掲載させていただく場合がございます。

●本書へのご意見・ご感想をお聞かせください。

ご協力ありがとうございました。

5 曲目

新生（5分11秒）

リフレインするメロディーにすることによって、自律神経を整える効果を意識して作られています。リフレインするメロディーと優しいエレクトリックピアノ音、優雅に流れるストリングス音で、ときにはストレスがたまる赤ちゃんのストレスを軽減できるリラックス楽曲に仕上げています。赤ちゃんだけでなくお母さんやお父さんも聞いて、育児ストレス軽減に役立ててくだされば幸いです。

6 曲目

時の記憶（5分39秒）

シンセギターとVOX（人の声のような音）を使って制作。
VOX音で、母親のお腹の中の音（胎内音）をイメージしました。この曲を聞いた赤ちゃんやお子さんが記憶の片隅に残っている母親の胎内で聞いていた音を思い出す音の周波数を意識しました。

7 曲目

母なるメロディー（5分6秒）

赤ちゃんが聞くと心地よいとされる、母親の声をイメージして制作しました。曲の構成のほとんどに、レの音が入ったDコードを使っています。また、バックにそっと流れている音もレの音を使っています。胎内の赤ちゃんも、生まれたお子さんでも、母親の声に近いこの曲を聞いて癒されてくだされば嬉しいです。

8 曲目

これからの時を共に（5分50秒）

これから先の未来に向かっての人生という長い道のりを明るくイメージできる曲にしました。ピアノとストリングスのシンプルな曲ですが、その中でもスケールを少しだけ大きくし、曲を聞くことでポジティブなイメージを描けるようにしてみました。最後のこの曲で、あなたとお子さんの未来を描いてみてください。

総収録時間　41分42秒

いかがでしょうか？
育脳は早い時期から
取り組むことが
大切です！
その重要さに
気づいていただけましたか？

この「音楽」を
子育てに取り入れて
将来の可能性を
広げてあげましょう！

第2部

育脳なんでもQ&A

子どもの脳には不思議がいっぱい！ 上手に育ててあげましょう

子育てには正解がなく、特に脳の育て方については**疑問がいっぱい**あるでしょう。そこで、育脳に対する様々な悩みにお答えします！

賢い脳を育むためのメソッドは、ふだんの生活の中でも簡単に実践できることは数多くあります。ただ、子育てに忙しいママは、何をすればいいのか不安は尽きません。

食事や睡眠など毎日の生活リズムの作り方から始まり、遊びや教育、しつけまで、**悩むことばかり**だと思います。育脳につながる子育てや生活での疑問について、Q&A形式でご紹介します。

Q 育脳っていつからやればいいの？

A 生まれてから3歳頃までがもっとも効果が上がります

育脳は、脳がもっとも活発に働く乳幼児期に、体を動かしたり、五感を刺激することにより脳を育んでいくことをいいます。育脳というと少し構えてしまうかもしれませんが、決して特別なことではありません。家庭でふだん子どもにしていることを、目的意識を持って行うだけでいいのです。**育脳では見ること、聞くこと、触ること、そして体を動かすことが基本**となります。いつものようにスキンシップを取りながら、赤ちゃんが興味をもつものや、大好きなおもちゃなどを使って始めることができるのです。学習と異なり、背伸びをして先を急ぐこともありません。**月齢別にできることだけをやっていくのです。**赤ちゃんが拒絶しているときは無理強いせず、関心があり、楽しそうなことをすれば脳は育っていきます。生活面では、規則正しい暮らしとバランスの取れた食事には注意してください。健全な生活の中で育脳を行えば、子どもの持つ能力が伸びていき、賢い

脳の重量と年齢

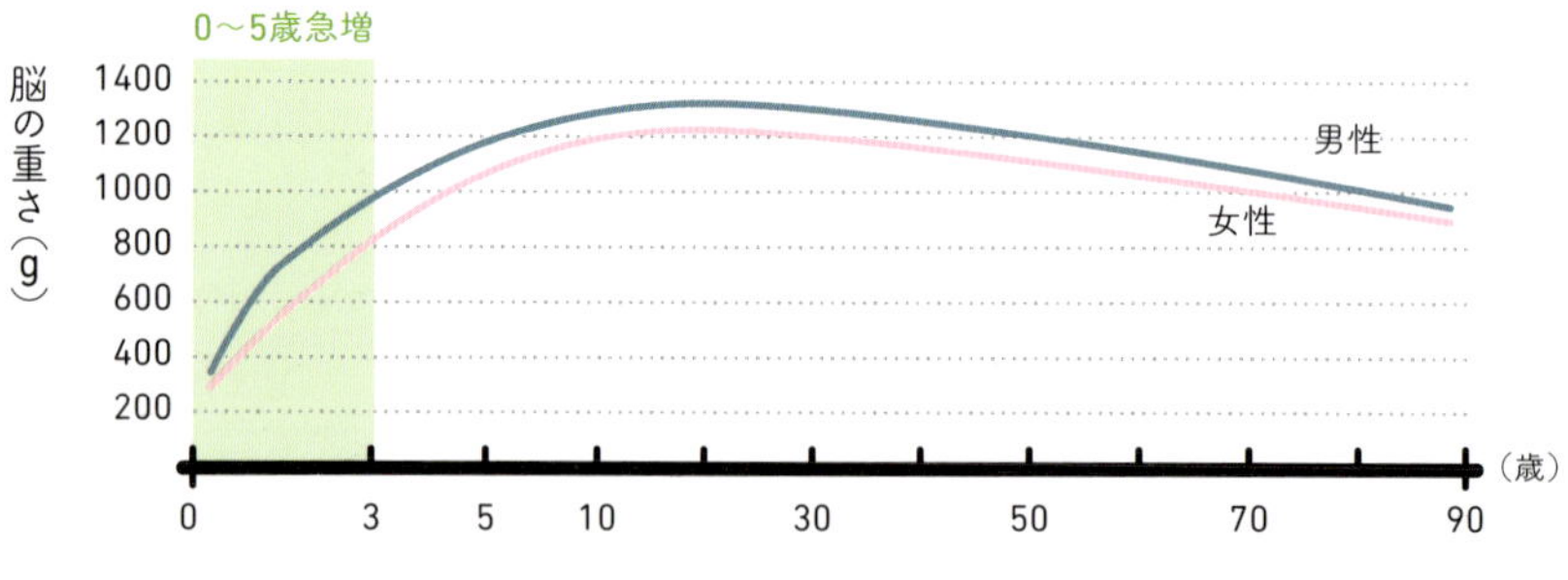

※ハテンロッカー（1979）より

子へと育ちます。

では、育脳をどの時期から始めればいいのでしょうか。それは脳の成長と大きく関係してきます。地頭のよい子に育てるためには、前頭前野にある神経細胞をつなぎあわせていく、シナプスを増やしていくことが大切です。シナプスはすでにお腹の中にいるうちから発達しているといわれますが、**誕生したときから3歳ぐらいまでが、一番活発**に作られていきます。ピークを過ぎてもシナプスが作られないわけではありませんから、妊娠中の方を含め、子どもがいてまだ育脳を意識していないのであれば、すぐにスタートしましょう。

Q 頭がよい子ってわかる？

A 発育のスピードは人それぞれ諦めずに育脳しましょう！

子ども一人一人の発育は違います。言葉を覚えるのが遅いからといって、頭がわるいとは限りません。**根気強く様々な刺激を与えてあげてください**。そして、前頭前野が育つことで、いろいろな面で賢さを発揮するようになるはずです。

Q 睡眠って重要ですか？

A 早寝・早起きもとっても大事！理想的な睡眠が脳を育てます

育脳にとって、**規則正しいリズムで生活を送ることはとても重要**です。中でもたっぷり睡眠をとることは、正しい食生活と並び、乳幼児脳が健やかに育つ上で不可欠なものといえます。赤ちゃんの脳は、午後10時から午前2時頃までが**成長ホルモンを分泌するピーク**となります。月齢にもよりますが、この時間帯に深い眠りにつけるように夜は7時から9時の間に就寝し、朝は7時前後に目覚めることが理想です。いくら我が子が愛しいとはいえ、深夜に帰宅して起こしてしまうことは育脳はもとより、成長を妨げることになってしまいます。早寝・早起きを習慣づけるためには、毎日の食事や昼寝、入浴などの時間もしっかり管理してあげましょう。

Q 英語脳にするには？

A 早期の英語教育はマイナス面も！乳幼児期は育脳で地頭を鍛えましょう

頭のやわらかいうちから英語に触れさせることは、決してわるいことではありません。しかし、**英語を重視するあまり母国語を覚えることに支障**をきたしたり、周囲とのコミュニケーション能力が不足するなど、マイナス面もあります。乳幼児のときは、**英語が必要になったときに上達の早くなる土台作り**として、地頭を鍛えましょう。

Q 好きな音楽を聞くとリラックスできる？

A 子どもが興奮し過ぎない音楽が好ましいです

副交感神経を優位にさせる音楽は、自然に頭の中に入ってきて、それが体の一部になるような曲調であることが重要です。**あまりに子どもが興奮状態になる音楽**の場合は、交感神経を刺激し過ぎたり、**ドーパミンを分泌し過ぎ**たりするので要注意です。

Q 叱るのってありですか？

A しつけで叱るのはＯＫ 褒めて終わることが重要！

脳は喜ばせることで成長していきます。「叱る」は逆の行為なので、気をつけて接しなければいけません。しつけとして叱ることは親として当然の行為ですが、**必ず最後に「褒める」を取り入れましょう**。最後に褒められる快感を残すことで、脳の成長にもつながります。シナプスの形成がピークを迎える3歳頃までは、いいこともわるいこともすぐに覚えてくれます。かわいいからといって放任していると、しつけの機を逸することもあるので気をつけてください。叱る時は、感情にまかせて怒るのではなく、何がわるいことなのか子どもがはっきりわかるよう冷静に、その場ですぐに伝えることも大切です。人前で叱ることに抵抗を感じ、**外出先で起こした出来事を、家に戻ってから叱っても効果はありません**。また、朝起こったことで1日中叱っても、その真意が子どもには伝わっていきませんので、叱り方にも注意を払うといいでしょう。わるいことをしたときに叱るだけではなく、やるべきことがちゃんとできたときはしっかり褒めてあげることも、育脳には効果があります。**言葉のわからない乳幼児**

でも褒め言葉と一緒に抱きしめられると、ママに褒められることをしたと認識できます。褒められたときは、脳からもドーパミンが分泌されて気分のよい状態になるため、ママを喜ばせるためにがんばるようになります。こうしてマナーを覚えたり、物事の善悪を判断できるように成長していくわけです。

Q 脳にいい食事ってありますか？

A 栄養と味覚のバランスを考えて一週間分の献立を考えましょう

育脳と健康にいい食事はほぼ同じです。偏食をなくし栄養のバランスが考えられた食事は、育脳にも大いに役立ちます。年齢によって食べる量も異なりますが、幼児食では、**主食、副食、汁物の3つを基本**にすると献立を組み立てやすくなります。不足しがちな栄養素をどうしたら摂らせることができるかも次第にわかっていくはずです。育脳では、甘味、塩味、酸味、苦味、旨味の五味のバランスも大切です。子どもが好きだからという理由で甘味ばかりを摂取させることは、健康面でも脳の発達においてもマイナスです。1日ずつ考えるより、**ノートに一週間分の献立と材料を書き込んでおいた方が**、栄養や味覚のバランスが整った献立が作りやすくなります。

第3部

脳を育てる
月齢・年齢別
リズム運動

赤ちゃんの発育に合わせて効果的なリズム運動を取り入れましょう

赤ちゃんは、**音楽のリズムに合わせて**体を揺らしたり、手をたたいたり、腕を振るといった反応をするようになります。実はこれ、とっても脳によいのです。

手や体を動かすことは、脳の発達にとって重要なこと。赤ちゃんの成長に応じて、この音楽を聞きながら自由にリズムをとることで、脳は刺激を受けます。**繰り返し刺激を与える**ことで、どんどん発達していくことでしょう。

脳に刺激を与えて
発達を促しましょう！
「音楽を聞かせながら」
子どもと一緒に
楽しんでください！

4ヶ月〜

ボールで遊ぶ

まだあまり動くことのできない赤ちゃんも、生後4か月ぐらいから**視界に収まる範囲でカラーボールを動かしてあげる**と、目をリズミカルに動かしながらボールを追っていきます。これによってリズム感が鍛えられるだけでなく、視野が広がり、**見る能力も高まっていきます**。

1歳を過ぎると、ボールを握ったり、近くに投げられるようになります。ボール遊びは脳の活発化にもプラスに働くため、神経細胞から出ているシナプスを増やす効果も期待できます。親子一緒に遊んでみてください。

6ヶ月〜

ラッパを吹く

積み木とともに、赤ちゃんが大好きなおもちゃがラッパです。ラッパは息を吹いて音を出すため、手に取って遊ぶだけで自然と息の吸い方や吐き方が身につき、**同時に発語を促進させる効果**もあるといわれています。赤ちゃんだけでラッパの音を出すことはとても難しいので、始めはママやパパが赤ちゃんの目の前で吹いて、**どうすれば音が出るかを教えてあげてください**。ラッパ遊びは手で口まで持っていきますので、手や指を使うことにより脳が鍛えられ、シナプスも多くなっていきます。

8ヶ月〜

積み木を打ち合わせる

好きなように積み重ねたり、形を変化させることで、**創造力や表現力を鍛えることのできる積み木**は、育脳に大きな効果のあるおもちゃのひとつです。ボール遊びの次は、積み木で遊ばせてみましょう。指先を動かすことで手先が器用になり、積み木を並べたり、崩すことで**立体を知る感覚**も身についていきます。手で触れるだけでなく、積み木をぶつけたときに出る音にも赤ちゃんは興味しんしん。積み木遊びは、五感と脳を刺激してリズム感の発達にも働きかけてくれるので、積極的に遊ばせてください。

1歳～

リズム体操

本格的に体を動かせるようになったら、リズムに合わせて体を動かしてあげましょう。脳には**ミラーニューロンという細胞**があり、自分で見たものと同じ行動を起こす働きもあります。パパやママの動きを見ながらマネをしようとすると思います。手を取って一緒に動いてあげるのも効果的です。リズム運動をする時は、**なるべく赤ちゃんに声をかけてあげましょう**。話しかけながらコミュニケーションを取ると、言語能力も発達していきます。リズム運動は赤ちゃんにとって快適なだけでなく、育脳にも大きく役立つことを覚えてください。

5歳～

ピアノを習う

ピアノは、譜面を目で追いながら両手を使って鍵盤をおさえ、同時に足を動かしてペダルを踏むため、**弾くときは脳がフル回転します。**これが前頭前野をバランスよく刺激し、シナプスを増やしていきます。リズム感がつくこともメリットですが、脳全体を活性化させることから、最近は学習の向上に必要な**記憶力などの能力も上がり**、頭のよい子に育ちやすいことがわかってきました。最終的には、ピアノを習わせることが育脳にもつながっていきます。レッスンは5歳ぐらいに始めてみてください。

著

小林弘幸（こばやし・ひろゆき）

順天堂大学医学部教授。日本体育協会公認スポーツドクター。1960年、埼玉県生まれ。87年、順天堂大学医学部卒業。92年、同大学大学院医学研究科修了。ロンドン大学付属英国王立小児病院外科、トリニティ大学付属医学研究センター、アイルランド国立小児病院外科での勤務を経て、順天堂大学小児外科講師・助教授を歴任する。
自律神経研究の第一人者として、プロスポーツ選手、アーティスト、文化人へのコンディショニング、パフォーマンス向上指導にかかわる。

大谷悟（おおたに・さとる）

フランス国立保健医学研究機構（INSERM）のシニアリサーチャーの肩書をもつ脳科学者で、専門分野は「前頭前野シナプス可塑性」。「賢さ」を司る前頭前野という領域において、刺激によってシナプスがどう変化するかのメカニズムを30年以上にわたり研究している。1983 年北 海道大学卒業。1989 年ニュージーランド・オタゴ 大学博士課程修了（心理学・神経科学）。フランス、アメリカでポスドク研究の後、1997 年よりパリ第6大学で研究。2005 年-2012年は、パリ第6大学神経病態生理 研究所などでグループリーダーを務める。

音楽

大矢たけはる（おおや・たけはる）

名古屋出身のシンガーソングライター・ミュージッククリエーター。'05年メジャーデビュー。数多くのCMソング・BGM制作を担当。プロ野球選手やプロレーサーへの応援ソングも提供。
小林弘幸教授と研究開発した自律神経を整えるCDブックシリーズは100万部を突破し、自律神経ミュージシャンの第一人者となる。'15年アモンボイス＆ミュージックスクールを開校し、ボイストレーナーとしても活躍中。

※本書のCDは、その効果に個人差があり、必ずしもすべての人に効果があるものではありません。効果が感じられない、または身体に何か異常を感じた時は、医師に相談してください。

聞かせるだけで
賢い子に育つ
育脳CDブック

発行日　2017年2月1日　第1刷

著者　小林弘幸　大谷悟
音楽　大矢たけはる

デザイン　細山田光宣＋伊藤寛（細山田デザイン事務所）、浦谷康晴
イラスト　サタケシュンスケ
編集協力　安藤政弘

編集担当　澤原昇
営業担当　伊藤玲奈
営業　丸山敏生、増尾友裕、熊切絵理、石井耕平、綱脇愛、櫻井恵子、吉村寿美子、田邊曜子、矢橋寛子、大村かおり、高垣真美、高垣知子、柏原由美、菊山清佳、大原桂子、上野綾子、寺内未来子
プロモーション　山田美恵、浦野稚加
編集　柿内尚文、小林英史、舘瑞恵、栗田亘、辺土名悟、奈良岡崇子、及川和彦
編集総務　千田真由、髙山紗耶子、高橋美幸
メディア開発部　中原昌志、池田剛
講演事業　斎藤和佳、高間裕子
マネジメント　坂下毅
発行人　高橋克佳

発行所　株式会社アスコム

〒105-0002
東京都港区愛宕1-1-11　虎ノ門八束ビル
編集部　TEL：03-5425-6627
営業部　TEL：03-5425-6626　FAX：03-5425-6770

印刷・製本　株式会社 光邦

Printed in Japan ISBN 978-4-7762-0934-8

アスコムのベストセラー

乱れた自律神経を改善

聞くだけで 自律神経が整うCDブック

定価：1200円＋税

さらに効果がアップした続編

聞くだけで 自律神経が整うCDブック

心と体のしつこい不調を改善編　定価：1200円＋税

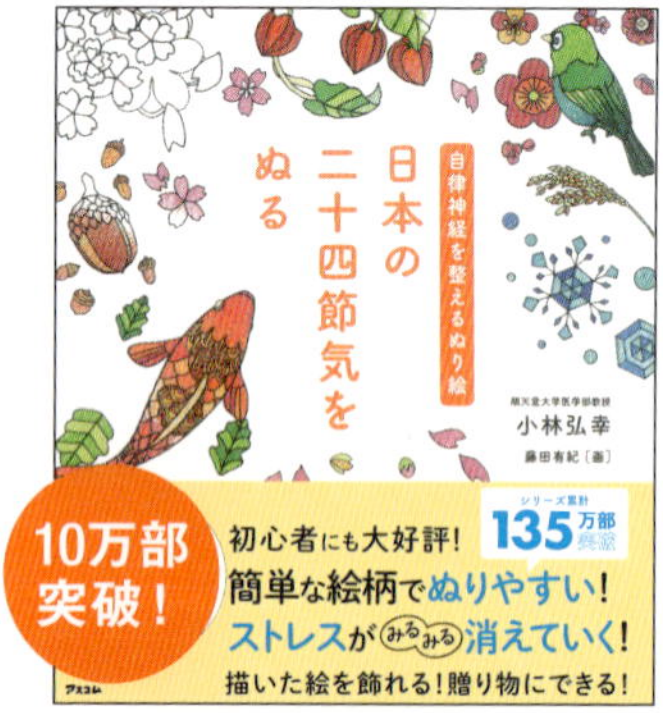

1日15分で不調を改善

自律神経を整えるぬり絵

定価：1200円＋税

日本の季節や自然を楽しめる

自律神経を整えるぬり絵 日本の二十四節気をぬる

定価：1200円＋税

好評発売中!

お求めは書店で。お近くにない場合は、ブックサービス(株) ☎0120-29-9625 までご注文ください。
アスコム公式サイト（http://www.ascom-inc.jp/）からも、お求めになれます。